JN438074

멍청한 뉴스

박성규 제7시집

멍청한 뉴스

박성규 제7시집

▩ 自序

끝이 없는 길인데도
그 길을 따라 자꾸 걸어갑니다.
어디에서 멈추어야 하나요.
눈물 빛깔도 아름답다는 것을
이제야 알게 됐지만
혼자가 아니라는 사실 하나만으로도
행복한 시간입니다.
삶이 에워 싼 길이지만
왔던 길 천천히 되돌아보며
아파했던 상흔을 또 남깁니다

2012년 여름

박 성 규

■ 차 례

제 1부
바다가 되리라

제 2부
잃어버린 별

제 3부
영상

제 4부
뒤통수 바라보기

제 5부
멍청한 뉴스

제1부

바다가 되리라

日出

먼동 틀 무렵
아랫도리에 힘이 솟구친다

잠에서 깬 바다가
파도를 걷어차고 일어난다

동해는 부풀은 사타구니를 숨기려
안개를 자꾸 끌어 덮는다

솟구친 것에 의해 섬들이 밀려난다
광활한 수평선인데도 자리가 비좁다

감당을 못해 저 스스로 솟구쳐도
제 풀에 죽도록 기다려야 하나

새 역사를 창조하려는 의지인가
새벽이 들썩인다

주전 몽돌

몽돌이 엎드려 있는 주전 바닷가엔
세월이 잠들어 있다

고래가 세월과 부딪힐 때마다
벗겨진 비늘이
해안으로 밀려와 몽돌로 엎드려 있다

공깃돌 놀이를 할 땐 가만있지만
한 움큼 집어 바다에 던지면
기다렸다는 듯이 고래로 변하여
바다 속으로 사라진다

그런 고래가
세월을 거슬러 헤엄치다가
어느 날 반구대 암벽에 붙어서
박제가 되었는지도 모를 일이지만

지금도 주전에 가면
세월을 끌어안은 몽돌이
고래가 되기를 기다리고 있다

이른 새벽
반들반들 눈을 뜨고서
기지개 켤 때는
恒河沙數보다 더 많다

국화 전시회

국화꽃에
왕파리가 앉아 있다

전시회 구경 왔다가
쉬고 있는 모양이다

월동준비에 분주한 꿀벌
왕파리가 제 족속인 줄 알고
슬그머니 비켜서 다른 꽃으로 간다

시들은 꽃잎 다독이는 햇살도
지쳐있는 오후
왕파리는 꿈쩍도 안 한다

꿀벌이 되고 싶은가

태화강 小考

낙엽 걸어가는 소리에 취해 졸다가
바람 굴러가는 소리가 흥겨워 놀다가
어둠 사이로 내리는 비 때문에
젖은 몸 일으키는 태화강

동동주 사발에 숨었다가
뽀글뽀글 끓는 냄비 속에 숨었다가
허기진 창자를 한 바퀴 돌고서야
귀가를 서두르는 태화강

감기는 눈 참으며 터벅터벅 걷다가
내리는 빗방울 속에 간신히 몸을 피하지만
하구쯤 다다르면 쓰러질 텐데
쓰러지면 바다가 될 텐데

바다는 되기 싫다고
손사래 치며 버티지만
바다가 제집인양
동해 아가리 속으로 사라지는 태화강

미포만의 달

공장 지붕 위에 뜬달
누런 쭉정이다

보름이라고
꽉 채워서 떠오를 줄 알았는데
정작 쭉정이로 떠올랐다

채우는 방법을 모를까
채우지 않고 떠오르면
소원 비는 사람들 앞에서 부끄러울 텐데

쭉정이로 떠오르지 말라고
바다는 늘 달을 붙잡느라 퍼런 멍도 들었는데
달은 자꾸 쭉정이가 아니라 한다

안경테에 걸린 달
누렇게 찌그러져 있다

한사코 하늘에 떠올라
둥글다고 자랑한다

방어진의 봄

방어진 어판장
춘삼월 동장군이 헤집고 다닌다

눈 뒤집은 고기들
배영을 하고 있는데도
주인은 호객행위에 넋이 빠져 있다

손님도 주인도 집으로 돌아가고 나면
호스에서 빠져 나온 공기 방울만
의식 잃은 방어진을 지키려나

꽃바위를 넘어서 남풍이 불어오면
동백은 얼씨구나 좋다고 필 텐데
동장군이 물러날 기미도 없는데

진짜 봄은
언제쯤 올까

미소를 지으면

눈을 뜬 새벽

내가 미소를 지으면
먼동이 미소를 짓고
먼동이 미소를 지으면
방어진 앞바다가 미소를 짓고
방어진 앞바다가 미소를 지으면
염포 산이 함빡 웃는다

눈감을 저녁

네가 미소를 지으면
하늘이 미소를 짓고
하늘이 미소를 지으면
구름이 미소를 짓고
구름이 미소를 지으면
바람이 살며시 다가와 웃는다

같은 하늘 아래
내가 살고 네가 사는데

미소를 지으며 집을 나서면

현관문이 안녕 한다
엘리베이터가 안녕 한다
아파트 샛길이 안녕 한다
돌 틈에 핀 개나리가 안녕 한다
참새가 우르르 몰려와 안녕 한다
웃음 속에 네 얼굴이 웃는다

차디찬 겨울이지만
눈을 뜬 새벽
어깨를 편 웃음
입안 가득하다

Back Heating

오늘도 김씨는
가스 토치에 불을 붙여
까뒤집어 놓은 블록 밑에서
편편한 밑바닥을 지지고 있다

아무것도 없는데
허구한 날 지지기만 하는 김씨
목이 뻐근하도록
쳐다보아야 하는 자세가
이따금 민망스러울 때도 있지만
하고 싶어 하겠나
하기 싫다고 그만 두겠나

영문도 모르고 지진다 해도
끼리끼리 잘 만나 편안하게 살아가도록
성심성의를 다 바쳐
블록을 지지는 김씨

장인이 따로 없다는 자긍심으로
영하 십도 날씨도 아랑곳 않고
지지고 또 지지며 하루를 보낸다

건강검진

모두 모였구나
평소 다 같이 모이기가 참 힘들지
오늘은 휴일이니
평소에 못하는 체조나 한번 하자

골 리아스 중심으로 서고
오와 열을 맞춰 보자
바람소리에 맞춰 체조를 하자
가냘픈 다리로 지탱하기 위해선
평소에 체조를 많이 해야 하지 않겠니

매일 하는 일이 단순노동 인지라
근골격계질 환자도 있을 거야
앙상한 팔다리지만
오늘 같은 날 체조를 해둬야
바람이 멈추면 일을 하지

너희가 쓰러지면
어찌 되는 줄 알지?

바닷새

수평선에서 총성이 들린다.
누군가가 방아쇠를 당긴 모양이다
새들이 푸드덕 날아간다
영문도 모르고 덩달아 날아가는 새도 있다

회색빛 바람이 불어온다
안개가 바람에 밀려온다
죽을힘을 다해 도망치던 새
안개 속에 숨는다
한동안 적막으로 숨을 쉴 田下灣

새를 숨긴 안개
아직 그대로 진을 치고 있다
언제 총알이 날아올지 모르는 불안 속
해국이 피었다 진다

수평선에는 새 그림자가 없다
초승달이 빙빙 돈다
새를 찾으려 불 밝힌 집어등은
낚싯줄 걷기 바쁘다

대설주의보도 내렸고
풍랑주의보도 내렸다는데
수평선으로 돌아가고 싶은 새
총알에 맞아 숨이 멎었을지도 모른다

기다림

파도 앞에 선 나는
언제나 바다다
그냥 밀려왔다가 밀려가는 파도지만
파도 앞에 선 나는
언제나 바다다

어느 날 당신이 내게 다가왔다
다가올 땐 파도였다

뒤따르는 파고가
절대 앞 파고를 넘지 못하도록
규율을 세워 놓고 다가 왔지만
돌부리를 넘다가
바위섬을 비키다가
방파제로 밀려오면 상처투성이 될 당신

그 광경 차마볼 수 없음이니
바다인 내가 나가서 당신을 맞으리라
당신의 흔적을 감쪽같이 감춰 주리라

어서 오소서

한 지붕 세 가족

김씨는 용접을 하고
최씨는 그라인더로 갈아대고
이씨는 토치로 달군다

한사람은 붙이고
한사람은 갈아대고
또 한사람은 달구지만

각자 하는 일은 다르고
손에 쥔 연장이 다르지만
같은 날 반출될 블록을 만들고 있다

앞치마도 벗고
보안경도 벗고
헬멧도 벗고
퇴근길 소주 한 잔에
땀을 헹군다

나뭇잎을 위한 계절

시간이 도망가지 못하도록
끈으로 칭칭 동여맨다
말뚝을 박아 고삐까지 매단다

허드렛일을 잠시 하고 돌아오는 길
매달려 있는 나뭇잎이 슬픈 빛깔에 젖어 있다
해마다 그랬다고는 하지만
묶어 놓은 시간이 앙탈하는 순간에도
떨어지지 않기 위해 목숨 줄 붙잡고 있는데
바람마저 덩달아 춤추는 사이
나뭇잎, 그만 팽그르르 떨어진다

저녁 밥 한 술 뜨고
어슬렁어슬렁 나가보아도
매달려 있는 잎들은 도망가는 시간을 지켜보느라
잠들지도 못한다

긴 긴 겨울밤
아무것도 없이 견뎌야 하는 시간
아무런 말 한마디 없다

애써 가꾸어 온 열정이 한숨 쉬는 동안
시간은
끈을 풀고 고삐를 끊어
내일로 도망가 버린다

강 건너 마을

강 건너 마을에도
강물이 흐르는가

강 건너 마을은
바다일 것만 같다

바람도 막지 못한 시간 속
심장만 콩닥콩닥 뛰는데

황금 들녘이 사라졌으니 바다
화려했던 단풍도 낙엽이 되었으니 바다

보이지 않는 바다
멀리서 출렁인다

겨울 무지개 I

종무식 준비하는데
철없는 소나기 때문에
개 한 마리가 놀라
여기 저기 뛰어 다녔다

공장 지붕위로 뛰어 다니다가
크레인에 매달렸다가
피뢰침에 꽂혔다가
출항을 앞둔 선박의 굴뚝에도 앉았다

종무식 하기 전에
마감시간이 임박해도
개부터 잡아야지

겨울 무지개 II

어릴 적
*소나기 속으로 뛰어간 소년
아직 돌아오지 않았다
이제나 저제나
꿈속에서만 그 소년이 나타날 뿐
다시는 오지 않았다

초겨울
때 아닌 잔비가 며칠 째 내리고
해는 떠도 소나기 내리는 출근길
퇴근하듯 도로 들어가
우산을 받쳐 들고 출근하는데

서쪽 하늘
무지개가 살짝 떴다가 사라졌다
UFO마냥 나타났다가 사라졌다

혹시, 그 여름날
소나기 속으로 뛰어 갔던 소년이
무지개를 잡고 서쪽 하늘에 나타난 것일까

무지개 한 쪽을 손에 꼭 잡고
무지개가 떠나지 못하도록 꼭 잡고
출근을 한다
소년은 오지 않았다
소녀를 기다리고 있을까

* 소나기 : 《황순원》님의 소설 『소나기』

제2부

잃어버린 별

홍륜들 소야곡

한 아이가 울고 서 있다
빈 벌판에서 저 홀로 울고 있다

아니다 노래를 부르고 있다
굶주린 배 움켜쥐고
목이 터지도록 부르고 있다

얼핏 들으면 타령이라 할 것 같다
엄동설한 전파사 찌그러진 문 밖
너덜너덜 세워 둔 스피커에서 흘러나왔던 노래다

반주도 악보도 관객도 없다
오직 시간을 잊기 위해
혼신의 힘으로 노래를 부르고 있다

그러던 아이가
노래방 기기 앞에서 마이크를 쥐었을 때
이미 어른이 되어서 눈물을 닦고 있다
스피커에서 흘러나오는 것은
귀뚤에 울려 퍼지는 소야곡이다

감은사지 삼층석탑

동해만 바라보고 살 수 없다고
천년이 넘도록 살아온 새
추녀를 파닥이며
잿빛 구름 뚫으려 힘차게 날아오르네.

한 때
날갯죽지가 부러져 수술 받기를 몇 차례
이제는 우렁찬 파닥임으로
옥개석으로 방향을 잡으며
더 이상은 병든 새가 아니라는 듯
날아오르네.

처음엔 물을 딛고 서 있었지만
언젠가는 하늘까지 날아갈 거라고
치료를 했었는가

언덕배기까지 오르는데
천 년 넘게 걸렸지만
하늘까지 다다를 때까지
계속 날아오를 거라네

세상 구경

키가 자그만 하여
담장 넘어 세상을 구경하지 못했을 때

어떤 날은 감나무 가지에 걸터앉기도 하고
어떤 날은 자전거를 받쳐 올라가기도 하고
어떤 날은 사다리를 타고 올라가
옆집 뒷집 앞집 구경했는데

그 때는
모든 것이 신기했는데

이제는
앞집도 없고 뒷집도 없다
감나무도 없고 자전거도 없고 사다리도 없다
키도 훌쩍 커 버렸다

아파트 옥상에 올라간다
다른 세상에서
다른 세상을 구경한다

十牛圖

절에 가니
개도 키우고
고양이도 키우더구나

가둬 놓고 키우지 못하는 것들은
시도 때도 없이 들락날락 거리더구나

그런데 법당 벽엔
왜 소 그림을 그렸을까

키울 수가 없어서
그림으로 사육하는가?

不二

둘이 아니라는 말은
하나로 보라는 말

내가 나임을 알고
네가 나임을 알 때

분별 있게 보는 것이 아니라
진실한 마음으로 보아야 하는 것

당신을 바라보는 것은
곧 나를 바라보는 것

세상 이치를 깨달으며
하나 되어 가는 것

첨성대야 왜 떠니

열두계단삼백예순두개의 돌을 쌓아
남으로 창을 내고선
일년열두달스물네번의 절기 내내
밤마다 하늘을 우러러 보며 그리워했다지

보이던가?
그렇게 그리워한 내가 보이지 않았단 말인가?

어느 방향을 몰라
동서남북으로 자오선을 그어 놓고 찾았다 하나
나의 행적은 바람
*인경이 치기 전 너를 찾아 갔더니
너는 외로이 떨고 있더구나
애처로운 네 모습 담은 사진에도
찬바람에 날린 불빛들만 가득하더구나

나는 너를 종종 보는데
너는 나를 보고 싶어도 볼 수가 없다 하고
행여 남으로 낸 창에서 잘 보이라고
남쪽으로 터전을 잡고 살고 있는데
기다려도 오지를 않는다고 하늘을 바라보며

삭히고 삭힌 마음에
삭풍만 분다고 하더구나

시끄러운 세상 밖으로 나가
홀로 빈 벌판을 지키고 있어도
언젠가는 나를 보겠다고
휘어진 허리 꼿꼿이 세우고 서 있는 너

동지섣달 눈바람 분다고
추워서 떨고 있니?

* 인경[人定] - 조선 시대, 통행금지를 알리기 위해 밤마다 치던 종

監室佛像 앞에서 V

근심 걱정 버리고
늘 웃으며 살자고 다짐한 임진년

골짜기 바람이 골골골하고
흐르는 골짜기 물이 골골골하고
골짜기 따라 내딛는 발걸음이 골골한 오후
열일 다 젖혀 두고 찾아뵈었으니
올해는 토라지지 않으시려나

신라가 망하고
역사가 허물어지고
비틀거리는 현실 속에서도
마음의 평화를 얻어 가려 찾아 왔다고
새해 첫 날 덕담에 *六波羅蜜을 실천하며
지은 공덕 모두 回向하라 하실까

다 놓고 가야하는 세상
다 버리고 가야할 세상
오늘도 합장하고 소원 하나 비나니

내가 누구며

내가 무엇을 사랑해야 하는 지를
오늘은 가르쳐 주시려나

* 육바라밀[六波羅蜜] – 보살이 열반(涅槃)에 이르기 위해서 해야 할 여섯 가지의 수행 보시(@布施), 지계(持戒), 인욕(忍辱), 정진(精進), 선정(禪定).
* 회향[回向/廻向] – 자기가 닦은 공덕을 자신이나 중생에게 널리 베풀어 깨닫도록 함 지혜(智慧)를 이른다.

無所有

사랑이란 것이
원래 내 것이 아닌데
지금 나는 사랑을 핑계로
사랑을 하는구나

아직도 못 다한 사랑

어깨를 빌려 드립니다
어깨에 기대어 살포시 노래 불러 보세요
노래를 부르다가 햇살이 파르르 떨리면
사랑한다 말해 주세요

가슴을 빌려 드립니다
가슴에 안겨서 살포시 옛이야기 들려주세요
심장이 콩닥 콩닥 뛰면
사랑한다 말해 주세요

힘겹다는 말은 하지 않을래요
외롭다는 말은 하지 않을래요
아직도 못 다한 사랑은 얼마나 남았는지 모르는 것

혼신의 힘을 다해 사랑할게요
남김 없는 사랑을 할게요
사랑한다 말해 주세요

노래만 듣는다고
이루어지지 않는 것이 사랑 아닌가요?

잃어버린 별

도시를 떠난 별이 산중턱에 있다
산중턱에 모여 앉아
하늘보고 수다 떤다

별은 수다 떨다가 사탕이 된다
보는 사람마다 하나씩 집어 먹으라 한다
오통통한 별은 깨물어 먹고
설탕같이 흩어진 별은
혓바닥으로 핥아 먹으라 한다

윤동주님의 별
몽실이의 별
상염무를 구경하던 홍륜들별
할아버지 헛기침 소리에 놀라 팔공산으로 달아난 별
군용 건빵 봉지 속에 숨은 별

그 때 그 별만 모아 놓아도 잔치를 벌일 수 있는데
함께 수다 떨지 못하고 떨어진 별은
수풀 속에 숨어서 별꽃이 되었다하나
숨겨 두고 싶어도 숨겨 두질 못한 별

오늘도 헤아려 보다가
괜스레 글썽이는 눈물 때문에
얼마 남지 않은 별마저
잃고 말 것 같은

* 상염무[霜髥舞] – 신라 헌강왕(875~886 재위)이 추었다고 전하는 춤(색인 : 향악정재) 기록으로 전할 뿐 실제 모습은 알 수 없다 〈삼국유사〉 권2의 처용이랑 망해사조(處容郎望海寺條)에 따르면 헌강왕이 포석정에 행차했을 때 남산신(南山神)이 왕 앞에 나와 춤추었는데 신하들은 이를 보지 못했으나 왕은 알아보고 따라 추어 그 모습이 보이게 했다 신의 이름은 상심(祥審)이고 왕이 따라 춘 춤은 어무상심(御舞祥審) · 어무산신(御舞山神) · 상염무로 불렸다 한다.

게으름의 무게

목욕탕에 가면
체중부터 달아 본다
밥을 먹었을 때와
굶었을 때의 상황을 고려하여
얼마나 줄고 늘었는지
확인을 한다

체중조절을 위해
꽤나 운동을 했다
몸무게를 줄여야만
질병을 예방할 수 있다는 의사의 소견서에 속아
겨울이 오기 전까지 부지런히 운동을 했다

겨울이 오고,
날씨가 추워지면서부터
운동을 게을리 했더니
지금은 꽤나 체중이 불었다

다시 봄
겨울을 털어 내려 목욕탕에 간다

분명 몸무게를 달아 볼 것이다

줄어든 만큼이 게으름의 무게일까
원상 복구된 무게가 게으름의 무게일까

작은 손

손이 자그마하다
움켜 쥘 때마다 조금 밖에 쥐질 못해
큰손한테 늘 밀렸다
작아서 늘 손해였고 밀릴 때마다 서러웠다

세상이 편해져 험한 일 하지 않아
곱상하기도 하고 귀엽기도 하지만
들일을 많이 했던 시절에는
굳은살도 베기고 손등도 갈라지곤 했었다
작은 손으로 일상을 지켜 왔었다

하지만, 없어서는 안 될 손
작아도 좋다
주먹 쥐고 태어나도
편 채로 세상을 떠난다 했으니
떠나는 그날까지
쥘 수 있는 만큼만 쥐고 살겠다

욕심 부리지 말고 살라고
분수에 맞게 살라고
부모님이 그리 해주셨을 게다

굳은살이 빠지고
실핏줄이 금방 터질 것 같은 손
오늘도 불끈 쥐어 본다

쥘 수 있는 만큼만 쥐고 살겠다

모래내의 저녁

빨간 강이 흐른다
저녁노을을 타고 흐른다

살얼음 에는 동안
다슬기들이 그림을 그린다
송사리들이 노래를 부른다
철새들도 바짓가랑이 걷고 빨간 발목을 담근다
억새풀 홀씨가 바람에 폴폴 날린다
흘러갔던 시간이 헤엄쳐 온다
서산을 넘던 해도 멈추어 섰다

겨울 목마름에 지친 낙조가
환상의 온도를 맞추고 있다
추억 하나가 물살에 휩쓸려
형산강 하구로 떠내려간다

얼음이 꽁꽁 얼면
빨갛던 강도 지친 얼굴로 별을 헬까
氷速으로 꿈꾸던 시간이
또래 친구 흔적을 불러서
막걸리 한잔 걸쭉하게 마신다

業

무언가를 업고 있다
평생을 업고 다녀야 한다
업고 있는지 업지 않았는지
이제는 가늠도 되지 않는다

世間과 出世間을 넘나들며
彼岸과 到彼岸을 넘나들며
地獄과 天上을 넘나들며
俗世와 佛國土를 넘나들어도
떨쳐 버릴 수가 없다

지금 업고 있는 것
무겁다 싶으면 버리고
가볍다 싶으면 한 짐 더 포개어
짊어지고 있으니
늘 그대로인 듯하다

가끔은 참 가볍다
사랑이란 묘약으로
맞잡고 있을 때가 있어서

자정 무렵

사랑 냄새 폴폴 날리는 책을 읽으면
자정은 금방 지나가 버린다

종일 참았던 그리움은
활자와 활자 사이에 빼곡히 들어앉는다

무엇을 읽었을까
머릿속에 남아 있는 것은 어제 뿐이다

사소한 일상이라도
가끔은 여백을 남겨 두어야 하는데

오늘
十方 三世

책을 펼쳐 들었더니
그리움이 사무치도록 엄습해 온다

고드름같이 매달린 기억이
활자 속에 꽁꽁 얼어붙는다

자정이 지났으니
그리움이 사라질까

사랑냄새에 마취되어
아침이 오기까지 책을 읽는다

對話

그 사람이 여기 있다
그 사람이 거울 속에 있다

잘나지도 않았는데
죽어라고 보고 싶은 사람이고
잘났다고 우겨도
죽어라고 보기 싫은 사람이다

마주 서 있는 동안
그 사람의 그림자를 밟는다
배려하기 위해 어둠속에 잠입도 하고
사방에 조명을 밝히기도 하지만
그 사람은 밟히지 않으려 안간 힘을 쓴다

숨을 거두면
원점으로 돌아 갈 텐데
그 때까지 기다리지 못하고 발광하는 사람이
여기 있다
그런 사람이 거울 속에도 있다

마주서서

무슨 말을 주고받았을까

그 사람이 여기 없다
그 사람이 거울 속에서 사라졌다

달집에 비는 소원

그립다고 하는 것은
죄가 아니다
보고 싶다고 하는 것도
죄가 아니다

그립다는 것은
지금 존재하고 있는 이유이고
보고 싶다는 것은
아직 살아갈 희망이 있다는 것

비가 내린다
황홀한 불빛으로 타 올라야 할 달집이 젖는다
비에 젖어 꿈을 잃어 가는 소원
합장한 두 손에서 떠나질 않는다

무엇을 바라야 할까
그리움도 보고픔도
한낱 꿈이라고 치부해 버릴까

비에 젖어서도
타 오르기 위해 연기를 뿜은 달집

지나는 사람들까지도 걸음을 멈추게 하고선
눈물 머금은 소원을 태운다

제3부
영상

별꽃

맑은 하늘을 봐야 보인다 했지
칠흑같이 어두워야 보인다 했지

꽃이 되려면
수억만 년은 흘러야 하는 것
오늘도 하늘을 보고 있는데
너는 내 발자국 앞에 있구나

눈동자보다 작아서
언제 밟을지 모르는데
기별도 없이 찾아 왔구나

네가 왔어도
쉽사리 너를 찾지 못하지만
그 때문에 밟힌 꽃들이
얼마나 많은지 보르지

유혹의 소리

소음 속에 살지만
소음에 길들여져 있지만
그 어떤 소리에도 끄떡없이 살았지만

유일하게
유혹당하는 소리

"톡"
건드리는 소리

서울 가는 길

KTX 열차
16호실
15D 좌석

다리를 펴지 못해
둘둘 말아 오금 속에 넣고
서울로 간다

두 시간 쯤이야
견디지 못할까
촌놈 서울 가는데
정차할 때마다
덜커덩 거려
말 타고 가는 기분이지만

둘둘 말린 다리
한강을 넘어서야
지팡이를 짚었다

冬至下弦

자정이 지나 고개 내민 저놈
나쁜 놈이다

온 종일 자빠져 잤는지
이제야 고개 내미는 저놈
나쁜 놈이다

무언가를 훔쳐 가려고
염탐 나온 것 같군
뉘 집 색시라도
보쌈해 갈 기세로군

그리움에 젖어 잠 못 들어
뒤척이다가 바람 쐬러 나왔는데
나한테 들킨 저놈

아무래도 하는 꼴
나 닮았나 보다

단풍잎 하나

탈색이 덜 된
단풍잎 하나
5층 테라스에 날아 왔다

種은 몰라도
퇴색하지 못한 빛깔
슬픈 몸짓이다

볕살 가득 안고
여기까지 날아 온
나비였다

동반자

내가 이쪽에서 걸어가면
당신은 저쪽에서 손짓하지요

내가 저쪽에서 걸어오면
당신은 이쪽에서 손짓하지요

가다오다 오다가다 만나면
우리 인사나 나눌까요?

되돌아 온 길 되돌아 간 길
우리가 걷는 길 위에서의 만남은
함께하는 이 세상의 어울림입니다

언제나 행복을 향해 걸어가는
동반자입니다

나의 밤

침대를 탑니다
승객은 딸랑 한사람
목적지는 꿈속입니다

아침이 올 때까지
덜커덩 거리지 않고
고운 길로만 달려갑니다

지친 일상을 빠져 나와
그리움 한 모금 마시면
힘겨운 세상도 놓을 수 있습니다

합승이 되지 않는 침대지만
明心寶鑑 法性偈 初發心自警文 初發心自警文
몸에 좋은 법문도 실려져 있습니다

한번 타 보실래요?

보자기

보자기 하나가
풀이 죽어 있다

제 역할을 찾지 못해
허구한 날 풀 죽어 있다

제 소임을 찾을 때까지
저렇게 살아야 하는 운명인가

정거장

완행표를 사기 위해 줄을 섰다
매표 줄이 줄어드는지 늘어나는지
표도 없다

인생
급행이 좋은가
직행이 좋은가
고속이 좋은가

지금 필요한 것은 완행

가다가
멈추는 곳이 정류장이 아니라
정거장이었으면 좋겠다

아픈 봄

쏙쏙
낑낑
톡톡
들리는 저 소리
밟지마라!

봄이다

솟아오르면서
뚫고 나오면서
터지면서
부르는 저 노래
밟지마라!

아픔을 참고 오는 봄
아프게 하지마라

봄볕의 위력

온종일 대문 앞에서
집을 지키던 누렁이
겨울잠이 부족했는지
꾸벅꾸벅 존다

해동이 있은 후로
졸음이 더 심하다

볕이 길게 들어오는데도
식음을 전폐하고 잠잘 기세다
잠자는 건 자유지만
자유롭지 못한 모양이다

밥값을 해야 하는지
눈감은 체
귀만 쫑긋거리는 봄이다

영상

빈 가방을 든 소녀가
기억이 풀려버린 시간을 되감고 있다

소꿉놀이도 못 해 보고
둑길 제대로 걸어보지 못하고
메뚜기 한번 잡아보지 못한
유년 시절 때문에

고향을 잃어버리고
소꿉동무도 잃어버리고
메뚜기 잠자리 귀뚜라미
어느 것 하나 온전히 남겨두지 못해
시간을 되감고 있다

시간은 절대 되감기지 않았는데
회상을 동여맨 가방 안에는
어제와 오늘이 동시 상영 중이다

월동준비

낙엽이 흩날렸다
동네 골목길을 싸돌아다닐까봐
한군데 쓸어 모아 놓았다

앞집 아줌마가
자기네 집 앞에 모아 놨다고 구시렁거렸다

주위를 둘러보니
나뭇잎 떨어질 집은 우리 집 뿐
딱히 두엄을 만들 자리가 없고
쇠죽 끓일 아궁이도 없어
그냥 대문 앞에서 불을 포옥 질러 버렸다

연기가 온 동네로 퍼졌다
얄미운 앞 집 아줌마가 생각나
연기가 더 나도록 휘적거렸다

낙엽 타는 냄새에 도취된 마을
아줌마 목소리가 크게 들려와도
연기에 질식한 어둠은
낙엽더미 속에서 불을 쬐고 있었다

편지

우표가 붙은 편지를 받았다
간만에 받으니 반가웠다

애송이 총각 시절엔
편지를 많이 주고받았다

꽃봉투도 있었다
우편엽서도 있었다

빨간 우체통이 반가웠고
집배원이 동네 어귀에 나타나도 반가웠고
우표 사러 나가는 순간도 즐거웠고
밤 새워 편지를 쓰던 일도 흥겨웠다

우표 붙인 편지가 차츰 사라져 요즘
우표대신 소인으로 바뀌어 가는 요즘
편지지 속에 새기던 기다림도
종적을 감췄다

시간을 집어삼킨 전화기가 판치는 세상
우표 붙은 편지가 그립다

사춘기 시절의 추억도 그립다
어쩌다 눈에 띄는 우체통이 볼 때마다
박물관 깊은 서랍을 뒤질지도 모르지만

그 시절
새삼스레
쑥스럽다

문신

플러스펜 뚜껑 끼우다가
손가락을 찔렀다

찔리는 순간
눈물이 찔끔 났다

눈물과 바꾼 자리에
빨간 단풍이 들었다

겨울장미

장미꽃 한 송이 가슴에 품었네.
품고 나니 참 행복했네.

가슴에 품었기에 시들지는 않겠지만
그 향기에 취해 움직일 때는
늘 조심해야만 했네.

비가 오는 날이면
장미꽃을 꺼내 보곤 하지만
이따금 가슴을 꼭꼭 찔러 눈물도 흘렸네.

행복을 생각하면
가시에 찔려도 참아야 하지만
찔린 자리가 곪을까봐 늘 애태우며 지냈다네.

가시가 있는 줄 알았어도
찔리지 않았을 땐
가시의 존재조차도 몰랐다네.

제4부
뒤통수 바라보기

옷장정리

가을 끝 무렵
처음 공장에 다닐 때 만났던 사내가
매캐한 냄새를 풍기며
붙박이장 안에서 뛰쳐나왔다

그 사내는
나이를 먹지 않는 줄 알았는데
제법 나이가 들었다
만난 지 삼십년이 넘었으니 말이다

한 때
나를 위해 살아 주었고
그가 없으면 못살 것 같은 적도 있었지만
숡고 닳은 몰골
담뱃불에 지진 흉터는
그 때나 지금이나 변함없었다

붙박이장 안에 가둬 두었다고
방바닥에 나뒹굴면서도 눈을 흘기는 사내
이별에 대한 이야기는
목욕 뒤에 하기로 했다

안개 입은 참 크다

시내를 벗어나 외곽으로 접어들 쯤
차량행렬이 멈추어 서서는 움직이질 않았다
사고라도 났나 싶어 기다리는데
앞서 있던 차들이 하나 둘 사라져 갔다
허기진 누군가가 삼키고 있었다
산과 강, 들과 내, 집과 하늘
닥치는 대로 삼키고도 모자라
차량까지 삼키고 있었다
나도 잡아 먹혔다

참 무서운 놈이다
배설의 기쁨을 알고서 저리도 삼키는 것일까
究竟涅槃의 의미를 알고서 삼키는 것일까
포대화상이
언제 저런 놈 키웠는지 따져보고 싶지만
그 놈 뱃속에서 허우적대는 오늘
갈 길이 천리다

그 놈 입
참 크다

낙오자

마른 나뭇잎 하나
자동차 바퀴에 반쯤 깔렸다

시신 수습이 급했다
119에 신고할 겨를도 없었다
신원이라도 파악하려면
최소 1Cm라도 자동차를 밀어야 했다

자동차는 꿈쩍하지 않았다
좀처럼 비켜 줄 마음이 없는지
주인이 올 때까지 꼼짝도 하지 않고
자리를 지킬 태세였다

바람이 불 때마다
살아 있는 나뭇잎들이 폴폴 날려도
깔려 있는 나뭇잎
숨을 거두었는지 아니면 잠을 자는지
도통 움직임이 없었다

흥건해야 할 피
이미 오래전에 말랐다

개기월식

그 녀석이 싫었단다
잠도 자지 않고 새벽을 지키던 때도 있었지만
그 녀석이 있는 낮에는
꼭꼭 숨어서 산다

누군가에게 잡아먹혔던 때가 있었다
아주 가끔 잡아먹히기도 했다
그런 달이 얼마 전에
또 누군가에 의해 또 잡아 먹혔다

하지만 맛이 없었는지
금방 토해 내고 말았다
집어 삼켰다가 뱉고 나면
노랗던 얼굴이 한동안 불그름했다
분명 누군가가 지켜보았을 텐데
지켜본 이도 달의 몰골에 대해서는
아무런 말을 하지 않았다

달은
그 녀석 보고 객이라 했다
대놓고 객이라 할 수 없어 개기라고

살짝 바꾸어 불렀다
자신을 잡아먹은 원흉이라는 것을 알지만
절대 말하지 않고 숨겼다

사람들은
그 녀석에게 잡아먹히는 광경을
개기월식이라 불렀다

부재중 통화

주머니 깊숙한 곳에 그녀가 산다
손을 넣으면 내 손을 꼭 잡는다

진동으로 울면서 나를 부르건만
금방 울음을 그치고서는
아무런 일 없는 듯 가만히 있다

한 때
울기등대 돌섬에서 뛰어 내리려 했던 그녀
뛰어 내렸으면
영원히 헤어져 살았을 텐데
용케도 목숨을 건져
주머니 깊숙한 곳에 살지만

그녀가 있음으로 해서
행복도 슬픔도 함께 느낀다
그녀가 몸으로 울 때면
늘 가슴이 싸하다

겨울 창으로 쏟아지는 햇살 가에서
머그컵에 커피를 타 마시면서도

그녀의 울음이 들리면
부리나케 그녀를 찾아간다

그녀는 흔적
종종 사라지고 없다

소원이 있다면

선물로 받은 벽시계가 자꾸 느려졌다
새 건전지를 갈아 끼워도
며칠을 버티지 못했다
수명이 다했을 거라 생각했다
시간이 맞지 않아도
함께 살아온 시간동안 정든 터라
선뜻 버릴 마음이 생기지 않았다
몇 달을 방치 해 두면서 고민만 했다
무용지물이 될 거란 생각에
아쉬움이 감돌아 버리지 못했지만
마지막으로 한 번만 더 끼워보고
작동이 안 되면 분리수거 하리라 다짐했다

건전지를 다시 끼웠다
기대도 하지 않았는데
며칠이 지나도 시계가 계속 돌았다
시계 고장이 아니고 건전지 문제였다
지금까지 끼웠던 건전지는 모두 짝퉁
"작지만 강하다"는
건전지 광고를 볼 때마다
건전지 성능을 의심하지 않았는데

짝퉁 건전지가 있었을 줄이야

나의 심장 박동도
서서히 느려짐을 느낀다
영원히 팔딱팔딱 뛰었으면 좋겠는데
심근경색이나 심장판막에 걸릴까봐 걱정이다

건전지 바꾸듯이
심장 바꿀 방법이 있었으면 좋겠다
짝퉁 심장이 아닌
성능 좋은 심장으로 갈아 끼울 수 있었으면
좋겠다

뒤통수 바라보기

뒤통수가 궁금하다
스스로 볼 수 없음이 슬프다
거울 두 개를 이용하면 쉽게 볼 수 있다 하나
거울 없이 바로 보고 싶다

회절 원리를 이용하면 볼 수 있으려나
프라운호퍼의 실험에 의하면
슬릿의 폭이 작을수록 광원의 파장이 길수록
스크린까지 거리가 멀면 멀수록
회절이 잘 일어난다는데
눈이 작으므로
작은 구멍으로 쏘아대는 파장이 길게 늘어져서
지구 몇 바퀴 돌고 돌더라도
뒤통수에 조준만 할 수 있다면 되는 일 아닌가

불가능한 것은 아니라 한다
파동이 장애물의 뒤쪽에
기하학적으로 결정된 그림자를 만들지 않고
그림자에 해당하는 부분까지
돌아 들어가는 현상을 이용하면
뒤통수를 볼 수 있을 법도 하다

안경을 벗고
두 눈 부릅뜨고 바라본다
초점 잃은 눈동자에 핏줄이 선다
아직은 보이지 않은 뒤통수잘 있는지 슬쩍 만져 본다

라스베가스에서*

악마의 노래를 들었다
듣는 동안 등골이 오싹했다
너무 놀라서
악마라는 말을 그만 입에 담고 말았다

어느 시인이
기타로 반주를 하면서 시낭송을 하였다
분위기가 무르익고
시인은 차츰차츰 악마로 변했다
시인의 입에서 악마의 노래가 흘러나왔다

사랑에 약하다고 밤마다 푸념하면서도
궁핍한 지갑을 들고 주물럭거리면서도
악마이야기는 하지 않았는데
악마가 동화 속에서 나를 찾아 왔어도
문전박대하고서 꿈속에서 상상 몇 번한 것이 전부인데
어쩌다 나의 입에서 악마라는 말이 나왔는지
그 연유 알 길 없다

악마 앞에서
나도 악마가 되어 있었다

등골에 식은땀이 흘렀다

* 라스베가스에서 - 현대문학 1992년 2월호 수록, 정기석 시인 작품

귀납법

얼마 전까지는
지나온 길이 어느 만큼이었는지
계산하고 살았다

지나온 길을 되돌아보면
숨 막히지 않았는데도
헉헉대고 살았음을 부인할 수 없다

처음에는 빈손이었지만
살다가 보니 욕심덩어리만 쥐고 있었다
몸과 입과 뜻으로 매일 매일 지은 죄업
참회할 틈도 없이 살았다

이제는
새롭게 태어나기 위해
뜻을 품어야할 시기
여유를 가지며
하지 못했던 일 찾아 이루며 살고 싶다

남은 길은 얼마나 될까

호두를 까다

넓적하고 반반한 돌 위에
호두를 얹어놓고
망치로 껍질을 깐다

처음에는
이리저리 튕겨서
정신 쏟기도 바빴다

回를 거듭하며 證得한 智慧
제법 손에 익어
능수능란하게 깐다

부스러졌을 땐 몰랐는데
온전하게 까고 나니 해골이다
다시 반을 쪼개니 나비다

단단한 껍질 속
해골과 나비가 숨어 있다
천안 삼거리는 온통 해골과 나비다
호두를 까는 나
인형이다

모난 세상

모나게 살아온 이유가
네모진 것만 보고 살았기 때문인가

보이는 것은 대개 네모다
角지지 않은 것은 별로 없다
책상모니터수첩노트책키보드게시판액자
아스타일텍스타일유리창커튼에어컨포스트표어
그리고 마구잡이 보이는 잡것들
온종일 보이는 것은 죄다 네모다

해를 보라 달을 보라
산을 보라 강을 보라
나무를 보라 구름을 보라
각을 거부하는 것들을 보라

해가 되어도 좋고 달이 되어도 좋고
산이 되어도 좋고 강이 되어도 좋고
나무가 되어도 좋고 구름이 되어도 좋으니
각을 거부하는 것을 보라

자전이나 공전 정도는 망각하고 살아도

빙글빙글 돌아가는 세상에서 살고 있다면
갇혀 있지 말고 뛰쳐나가야 한다

퇴근시간
벗어남으로 인하여 위안을 찾는다

요즘

오십이 넘었어도
사는 것에 대해 정답을 몰라
철없다는 소리를 자주 듣는다

시근이 모자라고
꽁하기도 하고 맹하기도 하고
바보축구등신 같고
앞뒤 꽉꽉 막혔고
눈치도 없이 산다는 소리를 듣지만

매사 꼼꼼하고
앞뒤 조리 있게 맞추고
순리대로 처리하고
경우에 벗어나지 않도록 하고
지금까지는 열심히 살아왔다고 자부하건데

벗어날 수 없는 울타리와
짜인 일상 속에 갇혀 사는 동안은
사는 것에 대하여
정답을 얻기란 쉽지는 않은데

어떻게 살아야 할까
철없이 사는 것이 정답일 것 같은
요즘

늦가을 소묘

볕살 따갑다
삶을 잉태한 것들
아직도 팔 벌리고 서서
남은 볕살 차지하려 안간힘 쓴다

볕살이 싫은 것들
그늘로 들어가면 그만
바람 부는 곳에 가면 그만

빈 하늘에 남아
혼자 서성이는 낮달도
볕살 피하려 걸음을 재촉하지만
가도 가도
그 자리인 것 같은

그래도
보채지도 말고 저 들녘을 보라
따지지도 말고 저 산하를 보라

함께 살자고 포효하는 소리

보이지 않는가?
눈을 떠라

약속 취소

벼렸던 일
기다렸던 일
소용없다는 말 한마디에
우르르 무너져 내린다

무너져 내려서는
길을 막고 시야를 가리고
정신조차 혼미하게 만드는데도
거부할 수 없다

노을이 물들기 전에
캄캄한 밤으로 변하기 바쁜 동짓달에
쥐 죽은 듯이 조용한 전화기를 흔들어 깨워도
사망진단서만 나올 것 같은 밤

처음으로 되돌아가는 시간을 붙잡아도
되돌릴 수는 없는 일
입술 깨물면서 멍하니 바라보는 곳
집중된 시선이 없다

은행

대주주 횡령사건
은행 영업정지 사건이 있은 후
연일 사람들이 은행을 털어갈 자세다
올라야 할 주가는 곤두박질인데
은행이야기는 연일 상종가 행진이다

통일전 앞 도로
사람들이 은행을 털고 있다
한 손에는 작대기를 들고
다른 한 손엔 포대까지 들고서 털고 있다

은행 앞에는
차례를 지키는 사람도 없다
그냥 마구 달려든다
야단법석이다
무법천지다

이리 저리 은행에는
구린내 난다

밥통

사유의 중심이 사라졌다고
반문을 하면
꼭꼭 숨었던 답들이
사방팔방에서 튀어 나온다

예견된 곳에서의 예측은
오간데 없고
정신없이 되돌아오는 것은
스스로 품었던 의심이다

태어나서
길들여지고
길들이며 살아온 생

선과 악
옳음과 그름
용기와 포기 사이에서 겪은 것들이
밤마다 꿈이 되겠다고 아우성인데

솥에선 국이 팔팔 끓고
냄비엔 찌개가 뽀글뽀글 끓고

숟가락 젓가락은 그 사이를 견디지 못해
밥상에서 장단을 맞추듯
그렇게 살아가고 살아야 하는 오늘

사유의 중심에
밥통만 남아 있다

제5부

멍청한 뉴스

가난한 가을

저녁하늘 붉다
붉으면 가뭄 든다 했는데

실눈썹달이 뜬다
달 속의 토끼는
누군가가 베어 문 입속에서
방아를 찧는다.

가을은 늘 풍성했어도
하늘도 가난하고
뜬 저 달도 가난하고
머지않아 다가올 겨울도 가난할 것만 같다

언제나 가난하게 살았고
또 가난하게 살아야만 한다지만
노을이 붉은 이유는 모른다
토끼가 왜 방아를 찧는지 모른다

눈썹달 보는 달은
늘 바쁘게 살아야한다 했는데
바쁜 가을
가난하다

갯바위 석불은 미동도 않는데

석불에게 소원을 빌면
한 가지 소원은 반드시 들어준다 했는지
입시철
기도하러 모여드는 학부모 행렬
끝이 없다

정말 영험이 있는 걸까
끊임없이 찾아와 기도를 한다
비가 주절주절 내리는데도 기도를 한다

군밤장수, 엿장수, 더덕장수, 감적수,
버섯장수, 떡장수, 야채장수, 나물장수
호객행위도 관심이 없고
사주팔자 본다는 승려의 염불소리도 관심이 없고
오직 제 자식 잘되기를 빌고 간다

기도는
이루어질 수 있는 현실 가능성이 있는 일에 대해
자기 노력을 기울이는 일
그 누군가가 무슨 일로 찾아와 빌고 가든

미동도 없는 석불
눈만 지그시 감고 있다

夜生花

밤에 피는 꽃이다
밤에 피는 꽃이 아니다

들에 피는 꽃을
野生花라 하지만
들에 피지 않는데도
野生花라 부르는 것도 많다
밤에 피는 꽃을
夜生花라 하면
밤에 피지 않는데도
夜生花라 부르는 것도 있다

어떤 날은 비가 내려도 시무룩하지만
비가 오면 더 반들거리기도 한다
눈이 오면 어떨까?
눈이 와도 반들거릴 거라 믿는다

적절한 실내온도에선
아무런 반응이 없다가도
찬바람 따뜻한 바람만 불면
저절로 센스가 감지되는 꽃

나는 그 꽃을 夜生花라 부른다
그 꽃은 간혹 野生花라 부르기도 한다
알쏭달쏭 꽃
그 꽃이 있어서 마냥 행복하다

폼생폼사

추수로 몸살 앓던 들판
일찍이
비워야 채운다는 진리를 알았나 보다

때가 되면 거둬들여야 하기에
비가 온다고
서둘러 집으로 돌아가는 것을 위해
묵묵히도 참아 주었다

황금들녘의 꿈이 사라지고
아무런 일 없다는 듯 살아야 할 동지선달
외롭지 않을까?

해마다
生老病死를 겪고
城主魁公을 깨닫고
生者必滅 會者定離까지 수련하면서도
욕심 없다고 다 털어버리는 들판
설마 저들도 감정이 없지는 아닐 터

투기하는 것들 때문에 속 불편한 들판

땅은 절대 속이지 않는다고 항변하듯
추수에 전념을 하지만
가만있어도 속고 살아야하는 것
운명이다

나무가 되어보라

겨울 밤길 걸을 때
나무를 보라

찬바람 부는데도
눈비가 내리는 데도
몸뚱이뿐인 나무를 보라

따뜻함을 일구는 장작으로만 알았고
아이들의 놀이터이고 장난감이기를 바랬지만
풍성했던 기억을 버리고
눈물자국까지 말라서 빈털터리가 되어서도
기개 하나 꺾이지 않는 나무

철없었던 한 때
나무가 나무인 줄 몰랐지만
비켜갈 수 없는 길이라면

나무를 보라
입 꾹 다물고 서있는 나무를 보라
나무가 되어라

멍청한 뉴스

자전거가 넘어져 있고
오토바이도 넘어져 있고
현수막이 춤춘다
찢어진 우산이 즐비하게 쓰러져 있다
뿌리를 내리지 못한 것들은 송두리째 날려갔다
처참했다 전쟁터였다
잠을 뒤척인 밤
새아침은 좋은 날 일거라고 환상을 꿈꾸었지만
눈을 뜬 아침 광경은 보기조차 안쓰럽다
환상만 꿈꾸는 사람은 멍청이다
환상을 즐기는 사람은 얼간이다
시도 때도 없이 넋을 놓고 살아도
환상은 언제나 환상일 뿐
나쁜 일만 일어나란 법 있던가?
좋은 일이 더 많이 일어나지 않던가?
환상을 즐기는 데는 밑천도 들지 않는다
환상을 즐기다가 그만 두어도
바람 불어서 사표 쓸 일은 없다

별꽃 Ⅱ

별이 사라졌다
발걸음 옮길 때마다 하나 둘 사라졌다
유년의 기억 속엔 아직도 별이 많은데
별은 자꾸 사라졌다

해가 달을 삼키던 날
그 날도 별이 사라졌다
고개를 돌릴 때마다 사라졌다
두 눈을 부릅뜨고 바라보았는데
꼬리를 감추는 유성처럼 사라졌다

떠나고 나면 그만인데
떠난 후에 다시 돌아올까
밤하늘을 바라보는 것도
더 이상 신명나지 않았다

희망을 버릴 순 없었다
하늘에 별이 사라진다 해서
하늘이 없는 것이 아니고
아직도 남은별이 빛나기 때문이다

발걸음을 옮길 때마다
밟혀져 가는 수만큼 별이 사라지기에
한 발 한 발 조심조심 내딛지만
어느 공동묘지 풀섶에 묻혀
꽃으로 피어나고 싶어서일까

하늘의 별, 자꾸 사라졌다
뇌사 상태로 쓰러져 버린 시간도
발걸음 따라 사라졌다

상상속의 집 그녀Ⅱ

햇살을 지르밟은 파도가
섬 하나를 끌고 왔다
해안을 따라 서성거리던 바람도
섬이 다가올 때는 고요했다
오늘도 상상 속의 집
창가에 앉은 그녀
햇살이 끌고 온 섬을 몰래 건져서
찻잔 속에 담궜다
지심도가 울먹이고 대마도가 달려왔다
잔속에 출렁거리는 섬
기회만 되면 바다로 돌아가려 했다
그녀는 섬을 마시고 있었고
바다는 애써 흔적을 지우고 있었다
상상속의 집은 사랑앓이 중이었다

이방인

가야산으로 가기 위해
성주군 수륜면 백운리 들어섰을 때
아름드리 가로수들이
단풍잎 한 아름 앞길에 뿌려 주더라

웬일인가 하고
지나온 길 뒤를 돌아보니
낙엽들이 줄지어 따라 오더라

이방인이 왔다고
앞길 가로 막는 것인지
이방인이 방문했다고
환영 해주는 것인지
그 속내 아직도 모르지만

올가을
다시 그 곳에 가면
그 때처럼
앞길에 단풍잎 뿌려주며 뒤따를까

유등축제

하늘이 열리는 날
그녀를 만나러 갔다
오래 전부터 만났어야 했지만
바쁘다는 핑계로 아직도 만나지 못한 그녀

그녀는 진주라는 이름을 가졌다
근래에는 그녀 모습이 궁금하여
잠을 설치는 날도 늘었다
불면증 치료를 위해서라도
그녀를 만나야만 했다

그녀를 만난다는 생각만 하면
아랫도리는 늘 빳빳해졌다
기다리는 것만이
아랫도리를 다독이는 유일한 방법인데
가을바람이 남강다리를 스칠 때마다
아랫도리는 더 빳빳해졌다

性을 지키기 위해 城을 쌓았을까
그녀의 치맛자락이
촉석루까지 펄럭일 거라는 상상을 하며

그녀를 만나러 갔는데
그녀의 흔적은 땅거미에 뒤덮여
찾을 수가 없었다

아직도 그녀가 있다고 믿고
아직도 그녀의 절개가 곧다고 믿음에
남강에 등을 밝혀 띄웠지만
빳빳해진 아랫도리가 흥건히 젖고서야
진주라는 이름의 그녀가 없다는 것을 알았다

그녀를 만나야 할 약속 장소
그냥 물줄기 따라 흘러가고만 있었다
밝혀놓은 등불만 깜빡였다

지독한 사랑 I

햇살이 산행을 했다 하네요. 아무 말 않고 집을 나섰다 하네요. 집을 나섰다는 것을 알았을 때는 이미 산행 중에 있었지만, 집을 나섰을 때는 들로 갔는지 산으로 갔는지 바다로 갔는지 도무지 알 수가 없어 시름에 잠기고 행적이 궁금해서 지도책을 펴 놓고 햇살이 갈 만한 곳은 모두 검문했지만 행적 추적은 무리였지요.

살얼음 녹는 소리가 그리웠을까요? 산골짜기에서 밀려오는 봄바람이 그리웠을까요? 겨울을 밀어 젖히고 나갔으니 가서는 펄럭이는 깃발이 되었을까요? 만국기가 되어 나부끼는 것이 되었을까요? 봄이라도 데리고 올까요?

햇살이 돌아오도록 기다렸던 시간이 서산을 향해 기어가고 남아 있던 하루도 지쳐서 어둠을 맞는데 햇살이 없는 동안은 밤보다도 더 무서웠지요

뒤늦게 들은 소식이지만 산행을 즐겼다 온 햇살이 다리가 아프다고 엄살을 떨었다지요. 빈 몸으로 산으로 오른다 해도 파도가 밀려왔다 되돌아가는 곳에 앉아 햇살 소식을 기다리는 것보다는 수월하지 않았을까요?

햇살의 정체는 알 수 없지만 햇살이 없으면 일상도 없는데 당신이 혹시 햇살이었던가요?

지독한 사랑Ⅱ

그림자를 따라 시장에 갔다
백화점이나 대형 마트가 아니라
순박한 웃음이 넘치는 재래시장이다

제일 먼저 채소전에 들렀다
저녁 식탁에 올릴 찬거리를 만지작거렸다
채소가 상한다며 한사코 만져 보기를 거부했다
기분이 나빠 되돌아 나와 버렸다

어물전에 들렀다
그렇게 흔했던 고등어도 보이질 않았다
냉동된 동태 눈알을 손가락으로 쿡 쑤셔 가며
이것저것 훑어보는데
무를 넣고 끓인 동탯국이 시원하다며
한사코 떠안기는 바람에 명태 한 마리를 샀다
김이 모락모락 나고 있어도
시원하다고 거짓말 할 수 있는 끼리가 생겼다

나오는 길에 잡화점에도 들렀다
생필품으로 장만해야 할 것들이 많다
수세미 휴지 세정제 세탁제들

한꺼번에 사 들고 가는 것이 무거워
몸만 빠져 나왔다

재래시장의 별미는 언제나 마지막 코스다
순대국밥이나 칼제비 한 그릇
시장 본다고 저렸던 다리가 휴식을 취하는 곳
그래서 그림자는 재래시장을 좋아 한다

비데 설치

잘 있었니?
하루에도 몇 번씩이나 만났지만
잠시 다른 일로 인해 못 만났지

너와 인연을 맺은 지는 정말 오래된 시간
생의 절반을, 아니 거의 다를 너와 함께 했는데
사소한 일로 인해 너와의 인연을 끊었더니
너의 모습은 차츰 머릿속에서 지워졌어

너의 힘이 무엇인지
그리움이 무엇이었는지 알게 되었어
너의 향기는 사랑이었어
어느 지방에서 눈이 온다는 소식에
내 마음은 더 흥분이 되었어

그런 네가
오늘은 문자 속에 숨어 들어와
어찌나 반갑든지

사랑하다 죽었다는 소문이 날 정도로
너를 극진히 사랑했었는데

그때는 사랑이 무엇인지도 몰랐던 터라
이따금 학대도 하고 버리기까지 했었지

너를 뭐라 부르던 간에
내가 너를 사랑한 것은 사실이었나 봐

낙동강

강가에 앉아 물을 퍼낸다
모래와 자갈이 나온다
수초도 나온다
강이 오간데 없다

퍼낸 물을 다시 붓는다
모래와 자갈이 잠기고 수초가 잠긴다
강이 되었다
아니, 물에 공이 떠다닌다

물을 퍼내고 붓는 사이
새가 날아든다
신기한 듯 발목을 물에 담근다
예정에 없었던 장면이다
새도 물을 좋아하는 것일까

일몰이 가까워
새한테 강을 맡기고 자리에서 일어선다
물이 빨개진다
온종일 퍼냈다 부었다 했더니
저도 속살 보였다고 부끄러운가보다

낮달

허기진 배 움켜잡고 퇴근 하다가
포장마차에 들러 호떡 한 봉지를 샀다
설탕물 흘려가며 맛있게 먹었던 때가 생각나
식솔과 같이 먹으면 더 맛있을 것 같았다

집에 도착하여 현관문을 열었더니
반겨주는 식솔이 아무도 없었다

다음날 아침
굳은 호떡이지만
맛은 봐야 한다 싶어 식탁을 보니
호떡의 흔적은 없었다

누가 먹었을까
허연 눈동자 뒤집은 채 나선 출근길
서쪽 하늘에 남아 있던 희멀건 달
호떡인양 달라붙어서 눈동자를 유혹했다

깨다시하늘소

15층 옥상 정원에서 서식하던 깨다시하늘소
합성목재로 장식한 5층 테라스에 몰려들었다
생김새가 고약했지만
처음 몇 마리뿐이었을 땐 눈을 피했는데
수십 마리가 한꺼번에 몰려 있어
밟을까봐 일부러 피해서 다녔다
한나절이 지나고 난 후
건드려도 도망가지 않았다
바로 옆에서 발로 쿵쿵거려도 도망가지 않았다
날개가 있는데도 날아가지 않았다
몇 마리는 짝짓기를 하고 있었다
몇 마리는 벌렁 드러누워 있었다
몇 마리는 부리나케 기어 다녔다
몇 마리는 미동도 하지 않았다
비가 온 후라 젖은 날개 말리는 줄 알았는데
봄이라고 모여 회식하는 줄 알았는데
테라스 합성 목재가 산란 장소로 알았는지
정사가 끝나고 나서는 암놈도 죽고 수놈도 죽어
5층 테라스는 시신안치소가 되었다
캄캄한 밤이었으면
무심코 지나가면 밟아버리기 십상일 텐데

다행히 대낮이라 不殺生의 기회를 얻었지만
바라보면 볼수록 신기한 곤충이었다
내일 아침에는 안락한 삶의 터전으로 돌아갔으면 싶은데
그렇지 못한 저들의 삶
15층에서 떨어졌는지 날아왔는지 알 수 없어도
산란을 위해 몸부림 친 하루였다

부디 극락왕생 하옵소서

비매품

가까운 곳에 급수기가 있다
버튼을 누르고 입만 가져다 대면
어느 누구든 차별하지 않고
원하는 만큼의 물을 공급한다

좀 먼 곳에 자판기가 있다
누구든지 버튼만 누르면
성질만 급하지 않으면
똑 같은 양으로 커피를 공급한다

모양새가 다르고
공급하는 것이 달라도
제 자리에서 제 소임을 다하는 급수기와 자판기
그들도 인기를 누리는 일원이다

인기 정도야 비교할 순 없지만
함께 두면 더 편리할 것 같은데도
누군가가 가까이 설치하지 않았다
일부러 떨어져서 살도록 한 것 같다

가까이 두어도

서로 힘겨루기 하지 않고
제 소임을 다할 녀석들인데
떨어져 있으면서도 불평불만 하지 않는 저들

동전도 투입하지 않았는데
평범하게 공급해주는 모습
참 기특하다

■ 작품해설

나지막한 목소리로 이야기 할 때

■ 작품해설

나지막한 목소리로 이야기 할 때

정 훈 (문학평론가)

시인이 뮤즈의 영감을 받아서 시를 창조해낸다는 낭만주의의 시각이 팽배한 때가 있었다. 시인의 머리에 휘두른 금관은 곧바로 시인이라는 존재가 내뿜는 광휘의 상징이자, 신과 인간 사이에서 시인이 행했던 기능을 최대한 존중했던 시대 인식의 비유이기도 했다. 이 세계는 눈에 보이지 않는 거대한 신성으로 가득 차 있고 신성으로 둘러 쌓인 성채이고, 무지몽매한 사람들에게 신의 본질과 성스러운 의지를 받아 적어 노래로써 전달했던 시인들의 신성한 행위는 다른 어떤 문학 장르들보다도 시에 영광스러운 자리를 마련했던 것이다. 오늘날 모든 시인은 아마 그 때를 그리워할 지도 모르겠다. 현대문명이 이룩한 물질과 정신 영역의 대 전환은, 예전의 시인이 영감과 창조적 상상력에 온몸을 맡겼던 자연의 세계를 침식하면서 이와 함께 부정적인 세계의 도래의 징후를 낳게 하는 디스토피아의 전망을 가득 안겨다주었다. 세계 곳곳에 진행 중인 전쟁의 참상과, 우리 내부에 암세포처럼 증식하는 물신의 팽배는 신은 물론이거니와 휴머니즘의 가능성조차 그 뿌리를 싹둑 자르고 내일을 기약할 수 없는 가쁜 속도전으로 내달리고 있는 실정이다. 예술가가 시민의 부류일 뿐이라는 세속적인 시각은 오늘날 한국의 문화수준을 가늠하는 단적인 실례라 한다면 속단에 지나지 않을까. 시민사회의 진입 속에 싹트기 시작한 시민의식의 향상은, 불행하게도 대중예술의 확산만을 빠른 속도로 진행시켰고, 예술의 본질적인 성질과 특성은 예술가 내부의 깊숙한 곳에 마치 유전자처럼 모셔두게끔 만들지 않았을까. 시도 마찬가지다. 오늘날 한국에서 시인은, 운전기사나 학교 선생님이 아니면 운 좋게 개업을 해서 성공한 프랜차이즈 사장처럼 하나의 직업인에 불과할 따름이다. 직업 목록에도 분명 '시인'은 분명 '소설가'와 함께 올려져 있다. 문제는 어떤 예술적 효과가 단지 시민이자 직업인일 뿐인 '시인'에게서 나오는 것이 아니라 '시'라는 특수한 언어 형식에서 발현되는 것이라면 어떻게 우리가 지금 다시 '시'를 바라보고 감상하고 수용해야 하는가일 것이다

현대시가 난해한 언어의 난상으로 치닫는 경우를 뺀다면, 아직 시의 신성한 본령을 믿으면서 시를 쓰는 시인들이 적지 않을 것이다. '서정시'가 대체로 그런 성향의 결과로 나온다. 이 밖에 우리 한국시사에 김수영이나 김광규 시인처럼 소시민으로 살아가는 시인의 소박한 생활의식을 작품으로 형상

화하는 시인들도 존재한다. 소시민의식을 시에 드러내는 경우, 시인과 현실의 포용적 긴장·갈등 관계가 내재해 있다. 어떤 주의주장이나 세계관을 시에서 나타내지 않고 평소의 생활의식을 언어로 녹여내는 경우이다. 단순화가 가능하다면, 박성규 시인의 일곱 번째 시집 『멍청한 뉴스』가 이에 해당할 것이다. 박성규의 시들은 소박하고 순진무구하다. 이는 그의 세계관을 형성하고 있는 주요한 특질이 어디에서 비롯하고 어떻게 시적 형상화로 기능하는지 알 수 있게 한다. 워즈워드가 『서정시가집』 서문에서도 말했던바 감정의 자발적인 표출로서 시 언어를 활용한다고도 지적할 수 있다. 그만큼 박성규의 이번 시집의 시편들이 이루고 있는 소재의 생활요소나 감정의 단아함은 그의 시를 이해하는 관문이자 맨 얼굴에 해당한다.

오십이 넘었어도
사는 것에 대해 정답을 몰라
철없다는 소리를 자주 듣는다

시근이 모자라고
꽁하기도 하고 맹하기도 하고
바보축구등신 같고
앞뒤 꽉꽉 막혔고
눈치도 없이 산다는 소리를 듣지만

매사 꼼꼼하고
앞뒤 조리 있게 맞추고
순리대로 처리하고

경우에 벗어나지 않도록 하고
지금까지는 열심히 살아왔다고 자부하건데

벗어날 수 없는 울타리와
짜인 일상 속에 갇혀 사는 동안은
사는 것에 대하여
정답을 얻기란 쉽지는 않은데

어떻게 살아야 할까
철없이 사는 것이 정답일 것 같은
요즘

－「요즘」 전문

위 시에서 쉽게 찾을 수 있는 시 언어의 소박성과 현실성은, 마치 시인이 아니라 '오십'을 지난 한 중년 남성의 허탈함과 푸념을 그대로 옮겨 쓴 듯하다. 오십을 넘긴 중년의 소박한 의식을 잘 드러내주는 특징과 함께, 시인이 생각하는 오십 즈음의 의식 형태를 인식하는 잣대를 어디에 두고 있는지 확인할 수 있다. 그것은 "사는 것에 대한 정답"을 각기 나름으로 캐내어 이를 행동과 사고에까지 적용하는 일이겠다. 그런데 시인은 "철없이 사는 것이 정답일 것 같"다고 함으로써 보통의 사람들이 생각하는 기준과 어긋나는 철학을 보여준다. 궁극적으로 소시민의 생활의식과 언어에서 출발하지만 삶의 난점을 끄집어냄으로써 생의 아포리아를 건드리고 있는 것이다. 나이가 듦에 따라 거기에 걸 맞는 의식과 행동, 그리고 처신을 요구하는 우리 시대의 관습적인 사고를 회의에 붙이는 시인의 사고를 엿보게 된다. 이런 관습적 인식에 대한 의문은 4연에서도 드러나는바 "벗어날 수 없는 울타리와/짜인 일상 속에 갇혀 사는 동안은/사는 것에 대하여/정답을 얻기란 쉽지는 않은데"처럼, 일상을 구속하고 테두리 짓는 현대 도시사회의 기능적 시스템에 대한 저항과도 이어진다. 다음의 시들을 보자.

우표가 붙인 편지를 받았다
간만에 받으니 반가웠다

애송이 총각 시절엔
편지를 많이 주고받았다

꽃봉투도 있었다
우편엽서도 있었다

빨간 우체통이 반가웠고
집배원이 동네 어귀에 나타나도 반가웠고
우표 사러 나가는 순간도 즐거웠고
밤 새워 편지를 쓰던 일도 흥겨웠다

우표 붙인 편지가 차츰 사라져 요즘
우표대신 소인으로 바뀌어 가는 요즘
편지지 속에 새기던 기다림도
종적을 감췄다

시간을 집어삼킨 전화기가 판치는 세상
우표 붙은 편지가 그립다

사춘기 시절의 추억도 그립다
어쩌다 눈에 띄는 우체통이 볼 때마다
박물관 깊은 서랍을 뒤질지도 모르지만

그 시절
새삼스레
쑥스럽다

-「편지」 전문

사랑 냄새 폴폴 날리는 책을 읽으면
자정은 금방 지나가 버린다

종일 참았던 그리움은
활자와 활자 사이에 빼곡히 들어앉는다

무엇을 읽었을까
머릿속에 남아 있는 것은 어제 뿐이다

사소한 일상이라도
가끔은 여백을 남겨 두어야 하는데

오늘
十方 三世

책을 펼쳐 들었더니
그리움이 사무치도록 엄습해 온다

고드름같이 매달린 기억이
활자 속에 꽁꽁 얼어붙는다

자정이 지났으니
그리움이 사라질까

사랑냄새에 마취되어
아침이 오기까지 책을 읽는다

– 「자정 무렵」 전문

「편지」에 그려져 있는 아날로그적 문화에 대한 향수는, 오늘날 모든 것이 편리 위주로 변모하고 있는 세상에 대한 반감의 표시일 것이다. 현대인의 기능적이고 기술적인 시스템에 따른 속도의 치중은 '인간'의 정신과 문화의 속알을 갉아먹는다. 현대 문화는 표면적인 것뿐만 아니라 속 알맹이까지 급속하게 변화해가는 양상을 띤다. "우표 대신 소인으로 바뀌어" 가고 "편지지 속에 새기던 기다림도 종적을 감"추게 되는 것이다. '기다림'이 가져다주는 묘한 설렘과 흥분, 그리고 긴장은 우리 시대에 사라져버렸다. 이는 '사람'에 대한 관심과 애정이 그만큼 줄어들었다는 사실과도 이어진다. 오로지 편리와 속도만이 최고의 가치가 된 때 시인이 그리워하고 있는 사람 사이의 정서와 친밀한 유대감은 언제 그것이 존재했던 적이 있었느냐는 듯이 자취를 감춘 것이다. 시인은 오늘날 종적을 감춰버린 지난 시대의 행복했던 인간의 정서를 애써 되살리고 이를 기억하고 싶어 한다. 이는 「자정 무렵」에서 좀 더 상징적인 색채를 띤다. 시인에게 그리움은 속

악한 현실 세계가 아니라 "사랑 냄새 폴폴 날리는 책을 읽"는 독서 행위에서 생겨난다. 책 속의 세상은 과거에 존재했던 세상과 사람에 대한 기록으로 짜여 져 있다. "十方 三世"가 들어 있는 책 속의 세상은 시인이 여기는 진정한 현실이며, 이 책 속의 현실에서 벌어지는 사랑과 삶과 온갖 아포리즘적인 경구들이 시인을 사로잡는 광경을 쉽게 떠올리게 한다. 말 그대로 "책을 펼쳐 들었더니/그리움이 사무치도록 엄습해" 오고 "고드름같이 매달린 기억이/활자 속에 꽁꽁 얼어붙는" 지복한 체험이야말로 시인에게는 삶의 커다란 존재 근거라고까지 말할 수 있는 것이다.

인위적인 세상과 경쟁, 그리고 속도의 추구를 향해 내달리는 세태에 대한 반감은 비단 박성규 시인에게만 국한되는 것은 아니다. 자연주의적 서정시를 지향하는 시인들과 여러 뜻있는 문인들이 오래 전부터 문학 작품으로 형상화해 온 주제이기도 하다. 이들은 삶의 태도의 문제에서부터 현대사회의 병폐를 가져오게 한 사회구조의 모순들을 지적하고 이를 지양해서 더욱 나은 상태의 전망을 제시했다. 문학적 이상으로서 그들이 그린 세계는 주로 조화와 공존, 그리고 화해와 평등으로 이루어진다. 박성규의 작품들은, 현실과 어울리지 못하고 헛도는 화자의 마음 상태를 여러 소재로 나타낸다. 소극적이고 내성적인, 그러면서도 개성을 버리지 못하고 움켜쥐려는 마음의 의지가 반영된 작품들이 적지 않다. 그런데 시인의 이런 지향성과 의지는 한결 단순하고 소박하게 그려져 있다.

모나게 살아온 이유가
네모진 것만 보고 살았기 때문인가

보이는 것은 대개 네모다
角지지 않은 것은 별로 없다
책상모니터수첩노트책키보드게시판액자
아스타일텍스타일유리창커튼에어컨포스트표어
그리고 마구잡이 보이는 잡것들
온종일 보이는 것은 죄다 네모다

해를 보라 달을 보라
산을 보라 강을 보라
나무를 보라 구름을 보라
각을 거부하는 것들을 보라

해가 되어도 좋고 달이 되어도 좋고
산이 되어도 좋고 강이 되어도 좋고
나무가 되어도 좋고 구름이 되어도 좋으니
각을 거부하는 것을 보라

자전이나 공전 정도는 망각하고 살아도
빙글빙글 돌아가는 세상에서 살고 있다면
갇혀 있지 말고 뛰쳐나가야 한다

퇴근시간
벗어남으로 인하여 위안을 찾는다

-「모난 세상」 전문

모가 나고 각진 세상이라 인식하는 시인의 지향성은 둥근 데에 있다. 세상에서 인위적으로 존재하는 거의 모든 사물들이 네모의 꼴로 이루어져 있다는 생각을 통해서 자연스럽게 이어지는 둥근 것에 대한 희구는 '자연'을 바라보는 것에서부터 촉발된다. "해를 보라 달을 보라/산을 보라 강을 보라/나무를 보라 구름을 보라/각을 거부하는 것들을 보라"에서 알 수 있듯이, 시인은 자연이 주는 부드러움과 안온한 이미지를 칭송한다. 자연은 세계의 일부이긴 하지만, 인간의 욕망과 일그러진 진보의 관념을 그 근원에서부터 돌아보게 하고 반성하게 하는 존재의 스승이다. 시인은 "갇혀 있지 말고 뛰쳐나가야"하고 "벗어남으로" 위안을 찾는다" 일상의 톱니바퀴처럼 다람쥐 쳇바퀴 도는 현대인의 생활에서 벗어나려는 의지를 읽을 수 있다. 소시민 의식은 속류 자본주의가 판을 치는 한국사회에서 더욱 번창한다. 다시 말해 어느 정도 삶에 지치고 이상을 접어버리면서 사회와 시대의 조류에 너무 앞서지도 않고 너무 뒤처지지도 않은 적당한 수준에서 여러 사람들에 편승하는 기운들이 퍼지면서 그것은 기생하는 것이다. 이런 소시민 의식을 객관적으로 바라보며 이를 비판하고 반성하는 시인의 목소리를 듣게 된다.

시집 『멍청한 뉴스』에 실려 있는 시편들이 내보이는 소박한 삶의 의식에서 비롯하는 담박한 세계 인식은 한층 깊은 차원에서 분석해야 하는 몇몇 작품을 통해서 면밀하게 짜여 있음을 확인할 수 있다. 세상에 대한 간단명료하지만 그리 단순하지만은 않는 사유의 무게를 보여주는 시편들이 그렇다. 불교적인 사고 체계로 형상화한 이들 작품에서 시인이 지향하고 의지하는 바를 읽게 된다. 불교적 사유는 헤아리기 힘들 정도로 광활하고 깊다. 더욱이 깨달음이나 구경의 경지에 이른 도승의 처지와는 거리가 먼 우리 소시민들이 볼 때 불교의 이치는 잡힐 듯 잡히지 않는 신기루처럼 가물거리기만 하다. "분별 있게 보는 것이 아니라/진실한 마음으로 보아야 하는"(「不二」) 상태를 받아들이고 이를 몸으로 깨닫고자 하는 시인의 마음은, 비단 종교적 사유 때문만이 아니더라도 삶의 올바른 태도가 무엇인지 생각하게 한다. 곳곳에 이기심과 물욕으로 채워진 우리 사회의 병폐는 특정한 개인의 뉘우침이나 반성으로 해소될 수 있는 게 아니다. 시인은, 종종 평범한 사람들과 별반 다르지 않는 가치관을 가지고 있으면서도 특유의 가치 체계를 제시하는 사람들이다. 박성규 시인의 작품들은 보통사람의 시각을 바탕으로 해서 드높은 시적 미학을 추구한다. 불교적인 사고와 이상적인 세계의 지향은 시적 언어의 지시성에 덧붙여서 시인의 개성적인 언어 감각이 융화될 때 참신함을 획득한다. 다음의 시를 보자.

> 무언가를 업고 있다
> 평생을 업고 다녀야 한다
> 업고 있는지 업지 않았는지
> 이제는 가늠도 되지 않는다
>
> 世間과 出世間을 넘나들며
> 彼岸과 到彼岸을 넘나들며
> 地獄과 天上을 넘나들며
> 俗世와 佛國土를 넘나들어도

떨쳐 버릴 수가 없다

지금 업고 있는 것
무겁다 싶으면 버리고
가볍다 싶으면 한 짐 더 포개어
짊어지고 있으니
늘 그대로인 듯하다

가끔은 참 가볍다
사랑이란 묘약으로
맞잡고 있을 때가 있어서

－「業」 전문

불가에서 말하는 '업'을 우리말의 '업다'와 연관 짓는 언어의 묘미가 재미있게 느껴지는 시다. "무언가를 업고 있다"는 자각에 주목해보자. '업'은 묘한 것이어서 사람이 손쉽게 내뱉는 말과 행동, 그리고 마음에 품은 뜻 이 세 가지 가운데 어느 하나라도 정신을 바짝 차리지 않으면 당장 달라붙는다. 업장소멸이란 참으로 요원한 일이어서 2연에서도 나오는 바, 모든 차원의 시간과 공간을 넘나들어도 "떨쳐 버릴 수가 없는" 것이 '업'이다. 업고 있을 수밖에 없어서 '업'이요, '업'이란 말이 사라지지 않는 한 스스로 업을 벗겨내기는 힘들 것이다. "업고 있는지 업지 않았는지" "가늠도 되지 않는" 사람 마음의 혼탁함과 불분명한 경계 위에서 아슬아슬하게 외줄을 타는 우리 인생은 얼마나 애처로운가. 이 애처로운 세상살이에서 인간은 죽을 때까지 바동거리는 것이다. '업'

이 환기하는 생명의 불가항력적이고 숙명적인 수렁에서도 이를 극복하는 하나의 방법이 '사랑'이라고 시인은 말한다. "가끔은 참 가볍다/사랑이란 묘약으로 맞잡고 있을 때가 있어서"라 진술하는 시인의 여유와 관념에서 시인의 감각적인 언어 형식을 발견한다.

우리 사회가 가볍고 현란한 것들을 지향할 때일수록 시인의 목소리는 중요해진다. 박성규 시집에도 우리 시대에 꼭 필요한 목소리들이 들어있는바, 시인이 지향하는 소박한 세상인식과 순결한 정신은 실은 우리 모두의 마음속에 고스란히 남아 있는 고귀한 본성 가운데 하나이다. 시인이 우리를 대신해서 세상을 향해 함성을 지르는 것이다. 거창하게 시대적인 소명의식을 굳이 꺼내지 않더라도 박성규 시인의 작품들에서 우리 사회가 미처 되돌아보지 못했고, 또한 소홀히 했던 가치들을 곱씹어보게 된다. 불교적 사유의 소재들에서 나타나는 존재의 성찰, 소시민적 생활의식에서 비롯하는 소박한 세상 인식, 그리고 자연과 일상에서 솎아낸 참신한 언어적 감감들에서 이를 확인한다.

15층 옥상 정원에서 서식하던 깨다시하늘소
합성목재로 장식한 5층 테라스에 몰려들었다
생김새가 고약했지만
처음 몇 마리뿐이었을 땐 눈을 피했는데
수십 마리가 한꺼번에 몰려 있어
밟을까봐 일부러 피해서 다녔다
한나절이 지나고 난 후

건드려도 도망가지 않았다
바로 옆에서 발로 쿵쿵거려도 도망가지 않았다
날개가 있는데도 날아가지 않았다
몇 마리는 짝짓기를 하고 있었다
몇 마리는 벌렁 드러누워 있었다
몇 마리는 부리나케 기어 다녔다
몇 마리는 미동도 하지 않았다
비가 온 후라 젖은 날개 말리는 줄 알았는데
봄이라고 모여 회식하는 줄 알았는데
테라스 합성 목재가 산란 장소로 알았는지
정사가 끝나고 나서는 암놈도 죽고 수놈도 죽어
5층 테라스는 시신안치소가 되었다
캄캄한 밤이었으면
무심코 지나가면 밟아버리기 십상일 텐데
다행히 대낮이라 不殺生의 기회를 얻었지만
바라보면 볼수록 신기한 곤충이었다
내일 아침에는 안락한 삶의 터전으로 돌아갔으면 싶은데
그렇지 못한 저들의 삶
15층에서 떨어졌는지 날아왔는지 알 수 없어도
산란을 위해 몸부림 친 하루였다

부디 극락왕생 하옵소서

– 「깨다시하늘소」 전문

미물을 함부로 대하는 우리 시대의 세태를 생각하면 「깨다시하늘소」에서 드러나는 시인의 태도는 곱씹어 볼만하다. 한갓 곤충의 죽음에서 시인이 바라보고 연상하는 것들은 생명

체에 대한 최소한의 관심과 애정이 없다면 불가능한 일일 것이다. "不殺生"의 의지와 생명체에 대한 인간적인 애정이 전면이 드러난 위 시에서 인간 문명이 자행한 온갖 도시화 · 비인간화의 실상을 반성하게 된다. 생명이 나고 죽는 것은 자명한 이치고 또한 마땅히 그리 될 수밖에 없지만, 직접적이든 간접적이든 사람이 만든 건물에 몰려든 곤충의 서식과 생태는 인위적인 살해로 이어질 도리 말고는 없을 것이다. 물론 깨다시하늘소의 죽음이 생명 사이클에 따른 자연적인 것이라 해도 마찬가지다. 우주적 생명 그물망에서 인간이 어디 있으며 곤충이 어디 있겠는가. 시인은 아마 이 사실을 자각하고 있지는 않았을까.

언제부터인가 시인들이 자신을 둘러싼 생활환경과 사람들의 이야기를 소재로 시를 쓰지 않고 뜬구름 잡는 식의 언어를 구사하기를 즐겨한다. 이럴 때 시는 난해해지기 마련이다. 그래서 더욱 더 독자들이 시를 멀리한다. 언어와 존재의 밀접한 관계성을 염두에 둘 때, 생활 언어의 적절한 활용 못지않게 상징적인 시 언어의 중요성을 무시할 수는 없겠다. 이 두 언어의 적절한 배합이 어우러지면서 시인의 소박하면서 진솔한 의식을 잘 보여준 박성규의 이번 시집은 이런 점에서 볼 때 소중하게 다가온다. 그의 언어는 종교뿐만 아니라 일상에서 흔히 보고 겪게 되는 소재들까지 확산하고 있다. 이 모든 소재들이 향하는 곳이 있다면 '그리움'이 아닐까. 그리움의 대상을 성취하기까지 필요로 하는 것은 생명에 대한 자각과 자잘한 일상의 경험에서 얻은 세상에 대한 진실한 의식이다. 그리고 박성규 시의 미덕은 평소에 느끼는 사람과 일상에 대한 솔직한 소회를 현란한 수사를 동원하지 않으면서 담박하게 표현하는 특징에서 드러난다. 존재와 언어가 맺는 밀접한 관련성을 오히려 체득하고 있는 듯하다. 사실 시적 언어의 상징성은 생활 언어의 질박한 구사 능력을 바탕으로 획득된다 할 때 시집 『멍청한 뉴스』에서 적절하게 드러낸 시 언어의 소박함을 받아들이게 된다. 자신을 낮추고 존재를 추켜세우며 우대하는 마음이 시인과 언어, 그리고 존재가 어우러진 그의 시편들을 읽으며 느껴진다. 아래로 내려갈수록 존재의 그늘을 쉽게 발견하는바 더욱 낮은 목소리로 세상을 읊조리는 시인의 모습이 환하다. 그리고 그런 시인의 모습에서 우리 삶의 밝은 풍경을 예견하게 되는 것이다.

멍청한 뉴스

박성규 제7시집

초판 발행 | 2012년 8월 10일

지은이 | 박성규
펴낸이 | 한창옥 배성국
기획위원 | 고운기 이문재 이영광
펴낸곳 | 도서출판 **포엠포엠 POEMPOEM**
출판등록 | 25100-2012-000083
주소 | 서울시 송파구 잠실로 62 트리지움 308동 1603호
사무실 | 부산시 해운대구 마린시티 3로 37 한일오르듀 1322호
TEL.02-413-7888 FAX.051-911-3888
메일 | poempoem@hanmail.net
카페 | http://cafe.daum.net/sipoems/
제작 및 공급처 | 산업디자인전문회사 두손컴

값 10,000원
ISBN 978-89-969275-1-8-03810